U0621194

ふたりのきほん100

Matsuura Yataro

两个人的
100 个
基本

亲 密 关 系 指 南

[日]松浦弥太郎 著

徐建雄 译

浙江人民出版社

目录

Contents

ふたりのきほん100
Matsuura Yataro

我献给你的
100 个基本

我献给你的……

在恋爱、结婚或形成某种特殊关系时，对于相互以心相许、共建未来的两个人来说，什么才是至关重要的呢？想要时时刻刻都挂在心头的又是什么呢？在初遇的那一瞬间，或许仅靠"喜欢"这一情感就能解决所有的问题了。然而，当我们跨越了某条红线，变得朝朝厮守、日日面对之后，就该考虑相互遵守、相互理解、相互养成、相亲相爱的相处之道了。而这些看似简单其实很难的行为准则，又是无人传授的。

我献给你的……我自己能做些什么呢？我首先是从这儿开始考虑的。在与你的朝夕相处中，我应该学习哪些新东西呢？我所想到的一切，或许极其琐屑、极其稚拙，甚至有点自以为是。但是，为了与你共度今天和明天，还有未来的日日夜夜，我十分乐意与你一起来检讨我所能想到的那一条又一条。

其中有一些，可能觉得很重要，却又觉得很难做到吧。有待改善和提高的内容肯定也是在所难免的。为了我俩的生活，我愿意将其当作一门人生的学问，慢慢地加以研习。因为我想以此来更好地构建、维护我们之间的关系。

共同生活意味着什么？两人同心协力所要构建的又是什么？还有，为了每天都过得快乐、有趣该怎么做才好？我希望在相亲相爱、值得感谢的每一天中，两人共同来寻觅答案。

我献给你的……我将像写信一样，一条一条地写给你。当然，这也是写给我自己的书信。

本书将是我的护身符。

主动打招呼

001

在日常生活中，有许多打招呼的机会。清晨，以"早上好！"为开端；夜晚以"晚安！"为终结。在此期间，还有"谢谢！""请多关照！""您走好！""您辛苦了！"等。主动、热情地打招呼，能有效地改善你我之间的沟通氛围。因此，无论是在多么抑郁不快的时候，我都将主动、热情地跟你打招呼。

畅谈未来

002

我要时常与你一起畅谈未来。今后，我们要做些什么？要待在什么地方？过怎样的生活？今后社会将会出现怎样的变化？无论何时，有关未来的话题总是充满希望的。我相信美好的未来，也觉得只有跟能与之畅谈未来的人在一起，生活才是轻松愉快的。

不垂头丧气

003

遇到伤心事后，为什么总会垂头丧
气呢？人只要垂下头，视野就变窄，
也难以与他人目光交接。样子会变
得很难看，也不能步调优美地行走。
我觉得正因为情绪低落，更该昂首
阔步。若与谁目光相接，便报以一
笑。今后，倘若我俩一同遭遇伤心
事,我将与你一起出去散散心。因为，
行动是能改变情绪的。

珍惜独处时光

004

两人一起度过的时光，是极为充实
的。两人同时绽放的笑脸，总是那
么幸福。然而，不论多么相亲相爱，
我们还是需要独处的时光。双方都
是独立之人，也都知道独处之乐趣。
或者说，正因为是能享受独处之乐
的两个人，才会懂得共度时光之宝
贵。今后，让我们也同样珍惜独处
的时光吧。

无限坦诚

005

在你面前，我愿意永远坦诚相待。
不抱任何成见，与你直面相对，原
原本本地接受你。并且，以纯真之
心对待任何事物，绝不玩弄心计。
因疑神疑鬼而焦躁不安，不仅有负
于你，对我自己也绝非什么好事。
今后，我将不再纠结于自尊心，永
远与你坦诚相待。

不忘言语沟通

006

交往的时间长了，往往会心生懈怠，以为即便自己不说，对方也会明白，于是言语沟通就懈怠了。其实，无论是如何相爱的一对，缺少了言语沟通，也还是会产生裂痕的。并且，这种裂痕会在不知不觉间不断地加深变宽。因此，我认为无论针对什么事情，无论怎样忙碌，无论怎样疲劳，也要充分重视言语沟通。

始终站在你这边

007

人生中难免会遇到一些意外之事。受到别人的怀疑、责难，或失去了别人的信任，诸如此类。"为什么？""怎么会这样？"即便你绞尽脑汁，有时也还是无能为力。但是，不管你遇上了什么事情，我都会始终如一地站在你这边。因此，请你尽管放心。并且，也希望你不妨依赖我多一些。今后，我会一直支持你的。

不放纵自己

008

两人在一起生活后，每天都将会是快快乐乐的。无论遇到什么事情，也不会惶恐不安，会平添许多欢乐。但这样的日子过久了，难免会放纵自己。而两人在一起后，不论多么舒心惬意，只要有一方放任自己，美妙的平衡便会即刻崩塌。因此，我决定今后绝不纵容自己懒惰，绝不凡事都要你为我去做。也即，不忘感谢之心，永远恭敬如初。

把你放在第一位

009

我决定，无论你在我身旁，还是各处一方，我都要"把你放在第一位"。由于人本是以自我为中心的动物，所以优先考虑对方的想法正好能起到纠偏的作用。所以，无论要做出什么决定，我都将首先想起你来。倘若能一直保持尊重对方的心态，那么我们就将永久保持一种美好的关系！

永怀感谢之念

010

给我冲一杯咖啡也好，对我说几句体贴的话语也好，甚至只要你待在我的身边，我都要说一声："谢谢！"我觉得无论我们厮守在一起，还是天各一方，只要我能向你传达感谢之意,我们就能永远恩爱如初了。"谢谢！"就是能将我俩紧紧地拴在一起的"咒语"。

仪容整洁

011

我将一直保持仪容整洁。两人在一起生活得久了，相互都很熟悉，就难免会漫不经心，以为穿着打扮随便一点也无伤大雅。然而，我觉得为了两人在一起能舒心度日，必须在你我之间坚守一条红线。那就是，今后也永不懈怠，一直保持仪容整洁，不使你失望。

不惮说『No』

012

首先，你的话语、你的行为，我都会全盘接受。然而，倘若我觉得有什么不对，也会对你说"No"。不过，这不是不由分说地全盘否定，而是坦诚接受，仔细琢磨，有了自己的意见之后坦诚相告。作为一种离你最近的存在，我愿成为一个能向你提供意见的人。也不是要将自己的意见强加于你，而是想告诉你，对于某些事，还可以有不同的看法而已。

绝不三令五申

013

我不会对你翻来覆去地说那些已经跟你说过或约定的事情。所谓的三令五申，当然也是针对某些希望你一定要做到的事情，或看起来你很可能忘记的事情。但这样做的话，或许就是优先考虑我自己了。因此，既然相信你，就不应该三令五申。任何事情只要跟你说一遍就够了。除此之外，就任凭你去处置了。

本来面目

014

与你在一起时，我不想有任何的矫
饰，只想保持本来面目。尽管我有
好的一面，却也有不好的一面或脆
弱的方面，但我都不想隐瞒，也不
想逞强。当然，更不愿跟你争执、
对抗。今后，我将一直以本来面目
出现在你面前。这样，我俩在一起
才会无所挂碍，心安理得。

绝不操之过急

015

如今，是个凡事都崇尚简易、讲究效率的时代。只要智能手机在手，查找资料也好，预约饭店也罢，分分钟都能搞定。但是，我俩之间的关系，我却不希望操之过急，而是愿意花时间慢慢来培养。因为，在等待、守候之中，定会有某些肉眼所看不到的东西在慢慢形成。在两人的世界中，肯定存在着某种因不操之过急才得以形成的价值。

浴火重生

016

毁坏的时刻，也是重启的时刻。历史早已证明，即便当事态严重到你觉得"一切都完了"的时候，也并非真正的绝境。贝多芬在二十八岁时几乎双耳失聪，但他在此之后的成就,也是尽人皆知的。人在觉得"不行了"的时候，自会产生东山再起的欲念，并会为之努力。人，就这么坚强。我将牢记，即便是在两人世界中，也同样存在着浴火重生的奇迹。

不求回报

017

通常，人们在给别人做了什么事后，都会期待从对方那儿得到什么回报。然而，在相互信赖、相亲相爱的两人之间，倘若也这么期待回报，那么所做的事情就毫无意义了。我希望，我们今后能一直生活在自然而然的状态之中。我为你做什么，你为我做什么，仅仅是愿意这么做而已。应该说，在两人世界中，从一开始就不存在什么"回报"。

适度关怀

018

两人在一起过日子，我觉得双方都
该尽量保持轻松自在的心态。因此，
我不打算时时刻刻都在意你的一举
一动。倘若我对你关心过度，你肯
定也会于心不安。我想为你做什么
事的时候，自会不露声色地将其做
好。当然，我还是希望永远感受到
你的存在。

学无止境

019

你和我都不可能只有长处，肯定还有无能为力和力不从心的地方。在我们今后的生活中，也不可能全是欢声笑语，肯定也会遇到艰难险阻。然而，人生无非就是学习。因此，在不知道该怎么办的时候，我俩要一起开动脑筋。困苦之时、难受之时，都要积极向前。我将与你一起学习，永远面向未来。

日日常新

020

两人相互了解得越多，新鲜感就会越弱。当然，在这时，我们的内心深处会产生一种别样的惬意来。然而，青涩、新鲜之感，对于我们而言也是必不可少的。否则，每一天的生活必将日趋乏味、无聊。我愿在今后的日常生活中不断地发现新鲜事物，并珍惜每一份新鲜感带给我们的感动。

举止优雅

021

我将在日常生活的每个细微之处都力求做到举止优雅。为此，了解什么样的举止才是优雅的，学习如何才能举止优雅，自然是必不可少的。一旦无精打采，优雅也就无从谈起了，所以精神饱满应该就是举止优雅的前提。在与你一起过着云淡风轻的安稳日子的同时，我也将在这方面予以重视。优雅的举止，也是我向你表达敬意的一种方式。

付诸流水

022

即便你的某些行为引起了我的不快，甚至深深地伤害了我，也肯定不是什么恶意的攻击。因此，我绝不会对此耿耿于怀，而会将其付诸流水，忘得一干二净，甚至都不需要通过言语沟通来解决。这不是什么原谅与宽恕，仅仅是忘掉而已。美好的事情是需要珍惜的，而将不美好的事情付诸流水也同样是十分重要的。

心心相印

023

我希望我们能在心灵层面上相互支持。因为，作为已经自立的两个人，比起物质层面上的相互帮助，更需要的是来自精神层面的支持。当然，这也不是什么激励或鞭策，只要能成为对方在身心疲惫地回家时，想尽快见到的那个人就行了。或者在自己遇上什么开心事的时候，会为对方不在身边而感到遗憾。今后，我将十分看重这样一种心心相印的精神纽带。

无条件信任

024

人的感情是非常复杂的，因此，或许无论对谁都是无法绝对信任的。然而，我会信任你。我决定，始终如一地信任你。因为，信任一个人和爱一个人，几乎是一回事。我认为，对于自己所爱的人，是完全能够做到无条件信任的。

营造温馨的家庭氛围

025

我将把与你在一起的时间，营造成纯家庭式的时间。跟在职场等外面所度过的时间不同，我希望与你在一起的时间，是充满柔情蜜意的。如何才能让你和我都从内心深处感到轻松自在？如何才能在身心两方面都得到真正的休息？我将一一加以考虑，并精心营造出一种温馨的家庭氛围。总之，要使我俩共处的时间成为最最安乐闲适的时间。

无论长处短处统统都爱

026

人都是既有长处又有短处的，而所
有的长处和短处合在一起，才是真
正的魅力。今后，我不会只爱你的
长处，而漠视你的短处。因为我一
直觉得你的短处跟你的长处同样可
爱。想必今后你也会不断成长。而
在此过程中，你也不必纠结于自己
的短处，只要不断地发扬你的长处
就是。今后，我也会对你的长处和
短处，不加区分地统统都爱。

各自独立

027

我希望两人能建立一种各自独立的关系，而不是相互依存。或者说是这样一种关系：在任何时候都能独自生存下去，但在一起的话，生活将变得更加幸福。"分开后经济上将无法自立"啦，"不在一起，生活上会有所不便"啦，这样的念头其实是一种计较。我所希望的，不是让一方背上负担的那种关系，而是两个自立之人共同创造幸福的关系。

静静地守候

028

由于无论是谁也不能一下子将自己的价值观或当时的想法有条不紊地叙述清楚，所以发生了什么事之后，往往很难立刻解释清楚。这时，就该不急不躁，稍稍等候一会儿。我们在想到要做什么事情的时候，也不总是立刻就能采取行动，有时是由于干劲不足，有时则是出于慎重的考虑。因此，我不会总是要求你做出言语解释或采取行动。有时，我会在一旁静静地守候。

关怀体贴

029

日常生活的寻常小事，都能体现出关怀和体贴。而这又能暖人心怀，让人摆脱困境。你对我的关怀和体贴，总能让我免于惶恐，获得宽慰。因此，我也不会忘却以我的方式来表达对你的关怀和体贴。并且，我将在你毫不察觉的时候，通过若无其事的行动来加以表达。希望我对你的关怀和体贴，能对你起到切实的帮助。

相互接受

030

与你相遇以来，不知不觉间就相互接受了对方的存在。然而，随着时光的流逝，自然会生出懈怠之心。我希望与你一直保持这种相互接受、相互尊重的关系，而不想成为空气一般的存在。我希望我们能成为时间的朋友，历时越久，越能相敬如宾。

合理应对小事

031

每天都会发生一些能引起我们注意的小事，而许多这样的"注意"都是自生自灭的。"我应该做出怎样的改变，才能做得更好呢？"如果在每件小事上都如此考虑，那我们无疑会穷于应付，不胜其烦。然而，倘若每天都对注意到的一件小事深加探究，那我们定能获得实实在在的进步。因此，我愿意在合理应对小事的前提下，使我俩的生活变得越来越美好。

首先告诉你

032

无论何事，我首先要告诉的人就是你。在生活和工作中，每天都会发生许多事。与此同时，我们每天还会有许多感受，产生许多想法。今后，若有什么我觉得重要的事情，我将在告诉我的亲戚、朋友之前，首先告诉你。因为最希望与我分享欢乐、惊奇和悲伤的，就是你，所以我也总是希望你第一个知道。

不强加于你

033

我有我自己的价值观和思考，但我
不会将其强加于你。在两人交谈时，
或许有时会嗓门变大，或者不等你
说完就想做出决定。因为，毕竟自
己的想法自己是最清楚的。但是，
我将会在心中留有余地，不将自己
的想法强加于你。

诚实做人

034

我愿在你面前，做一个毫不虚伪、绝对诚实的人。因为信赖就是在双方坦诚的前提下，一点点地累积起来的。今后，即便遇到些许难以接受的事情，我也会用语言表达出来。确实，要保持诚实，有时会显得很麻烦。尽管如此，我还是觉得要在你我之间培养出牢固的信赖关系来，而绝对的诚实就是一颗最好的种子。

寻找希望

035

希望不是别人给予的，而是自己去寻找的。对于我来说，你就是希望。今后，我们也要去寻找属于我们的希望，考虑我俩的共同追求。有希望处才有人生。凡是能产生幸福的力量，都是希望。

不责备，不追究

036

发生了意想不到的事后，人就容易
冲动，就会责备、追究身边的人。
但这么做其实是毫无益处的。事实
上，即便发生了对我们不利的事情，
其中也必定大有缘故。而这个缘故，
还是暂且静静地放着比较好。

活泼开朗每一天

037

活泼开朗地过好每一天。为此，必须调整好自己的心态和身体。绝不将不快的情绪留到明天。生活有规律，适度活动身体。只要将心态和身体状况调整好，人生也就基本无碍了。因此，我今后将保持活泼开朗的性格、健康的体魄和轻松愉快的心情。

何必圆满

038

没必要任何事情都圆满无缺。相反，希望与追求正来自不圆满。我以为，即便是在你我之间也一样，存在一些缺憾也未尝不可。重要的是，我们如何满怀希望地去改变它。应该说，缺憾既非坏事，也非烦恼，而是幸运，是美好。两人之间那种能一起探讨如何应对缺憾的同盟关系，才是难能可贵的。

『如何才好？』

039

我觉得在此之前,是个"哪个才好?"的选择时代。而今后,恐怕"哪个才好?"将变成"如何才好?",即在生活中已没必要将工夫花在选择上了。我俩的快乐,就在于如何回答"如何才好?"上。如何才能与你幸福地生活下去?我将认认真真地加以面对。

撒
娇

040

撒娇，是爱情的表现方式之一。我
希望我们能保持偶尔撒娇，也都允
许对方撒娇的亲密行为。"想撒娇"，
是心血来潮的一时冲动。在某些情
况下，我会突然想跟你撒娇。在疲
惫不堪的时候、在身心放松的时候，
或者在与这两者都毫不相干的时候，
意识到身边有一个可向其撒娇的人，
将让人觉得多么安然和温馨啊！

不做攀比

041

我们身上有好的方面，也有不好的
方面。这是理所当然的事情。我虽
然不追求完美，但总是希望更上一
层楼的。这就足够了。不拿我俩来
与别人攀比。我要和你一起创造属
于我们的幸福。

与不安、孤单为友

042

有人说只要爱人待在自己身旁，就不会感到孤单。其实这只是幻想而已。无论跟谁在一起，人都无法避免不安与孤单。不仅如此，你越想逃避，对它就越在意，结果也就越难逃避。我的不安与孤单不要求你来解决，我将自己面对。我将用与不安、孤单为友的方法，将自己从不安与孤单中解脱出来。

意志坚强

043

我希望我们无论遇到什么风浪都绝
不气馁，无论遇到怎样的困难都能
坚强面对。所谓"坚强"，就是一种
心态，是不把困难当作困难的强大
内心，有时也意味着忍耐。困难，
今后将会不时地降临到我们头上，
但我坚信，我与你在一起后，肯定
会坚强起来。

成为你的『时间之药』

044

有所谓"时间之药"的说法。其含义为"时间会起到药物的作用，所以悲伤的时候就请强忍着，等待时间把它带走吧"。这充分体现了古人的人生智慧。我希望成为你的"时间之药"。我愿意成为只需待在你身旁，就能使你变得更好的存在。

无所用心

045

　　"无所用心"，这是个听起来就叫人心情愉快的词语。不必中规中矩，也不必聪明伶俐，更不需考虑什么面子。就这么偶尔地放松身心，什么都不考虑，舒舒服服地活在"当下"和"此地"，心情自会畅快起来。当然，想要一直处于"无所用心"的状态也是难以实现的，我希望偶尔能与你一起"无所用心"地度过一段时光。

生病也是一种学习

046

生病并非一定是坏事。因此，无论
是宿病还是身体状况的轻微变化，
今后都请你毫无顾虑地告诉我。生
病，其实也是了解如何对待自己身
体的一个好机会。通过这种学习，
能逐渐了解所谓的健康是怎么一回
事。而与你共同面对的话，学习效
果也将会翻倍。生病对于我们来说，
并非必须经受的考验，而是一种学
习，能让我们对自己的身体了解得
更详细一些。

全力相助

047

你若有什么为难的事情，我会全力
相助。即便我没有帮助你的能力，
我也会竭尽全力。即便是一些看似
无关紧要的事情，我也绝不懈怠。
我不会计较在什么情况下使多大的
劲儿才合适，只要你有困难，我总
会全力相助。

喜欢的与不喜欢的

048

无论是谁，都有喜欢的东西和不喜欢的东西。你我也概莫能外。了解个人的好恶，是两人在一起的美好生活的第一步。早晨，喜欢用多厚的毛巾？喜欢用什么样的杯子喝饮料？房间里的灯，喜欢开得多亮？在尊重双方好恶的前提下，才能领略到两人生活的美妙。

完成使命

049

生命，是我们存在于人世的明证。因为有生命，我才能与你相遇，与你一起生活。生命给予我们的是什么呢？是切实做好自己所能做的事情，以及必须完成的使命。无论何时都要完成使命的那种姿态，是异常美丽的。因为这也是生命本身。对于我俩来说，关于生命的探讨，也将成为心灵之营养。

心即思

050

所谓"心",其实就是指"思"。"用心""留心""心地",这些用到了"心"字的词语所表示的,其实就是"思"的方式。由于"心"一直在动,故而很难把握。或许有人会说,生命也好,心也罢,不去特意思考不是也没什么问题吗?然而,我却觉得将其用语言表述出来后,会使我们的人生更加充盈。我愿跟你分享这一过程。

活泼开朗

051

与你在一起的时候，我将永远笑脸
相对。哪怕是面临严重问题的时候，
我也将保持活泼开朗。我愿永远以
轻松、自在、开朗的笑脸面对你。
我想与你共享的，就是希望、感谢
和笑脸。我愿通过这三者的循环往
复，让自己永葆明快的心态，并以
此来建设我们之间的良好关系。

用心倾听

052

你跟我说话的时候，不管我正在做什么，我都会停下手中活计来用心倾听。不仅用耳朵听，还要用心来听。我将对你所处的状态、所做的事情一直保持关心，并基于这种关心而时刻做好准备，以便在你需要我的时候，不令你失望。

换个角度观察

053

艰难困苦是无法逃避的。因此，我将采用能使自己得到成长的方法来加以面对。任何事情都有着不同的侧面，艰难困苦也是如此，我认为只要换个角度观察，它就能给自己带来新的机会。无论何时，我都将以变负面为正面的方法来渡过难关。

有节制地表达意见

054

我偶尔也会对你提出意见。不过我
会有节制地、轻声细语地，找准合
适的时机向你提出。我不会生硬说
什么"我觉得……"，而会表达"对
于……也可以这么看"。因为我觉得
仅仅做一个旁观者而不提出自己意
见的话，也是对你不负责任的表现。

不让内心变成坚硬的石头

055

一旦内心坚硬如石，也就无所谓幸福可言了。为了不让自己的内心变硬，我会经常使它活动起来，并不时加以训练。我将为我的心和你的心都不变成坚硬的石头而努力。当你的心将要变硬的时候，我会用自己那柔软的心将其包裹起来。

认清欲望

056

欲望如同海水，越饮越渴。我俩的
生活也难保不会被各种各样的欲望
所包围。为了不被其吞没，我将不
停发现新的欢乐。因为，想要的东
西得不到，有时也是一件美好的
事情。

不占用你的时间

057

我觉得时间比金钱更宝贵。因为金钱可以积攒，而时间既无法积攒，也无法追回。今后我会留意，绝不以爱情的名义来占用你的宝贵时间。因为，各自独处的时光与共同度过的时光同等宝贵，必须予以尊重。

为难之际

058

为难之际，我将如实地告诉你。明明想得到你的帮助而又不说，一味地仰仗你的善解人意，也未免太娇气了。而真正不可收拾的是，硬撑一时所造成的无法补救的后果。因此，以后我要是有什么为难的事情，会老老实实、原原本本地告诉你。对于我俩来说，这也是一种十分必要的危机管理。所以倘若你有什么为难之事，也请在第一时间就告诉我。

至亲骨肉

059

自我呱呱坠地起就一直生活在一起的家人，已经是我人生的一部分，今后，他们也一直是我的至亲。我会尽量跟你讲述他们的故事。我希望自己能够与你分享家人的欢乐和悲伤。如果可以的话，也请你跟我讲讲你的家人的故事。

不急于求成

060

我们经常能听到这样一种理念：结果就是一切。有结果才有意义。在商务世界里，尽快取得成果的做法已经变得理所当然了。然而，在两人世界里，几乎不存在什么为时已晚。由于没有目标，所以急于求成也就毫无意义了。因此，就让我们休息，停下来，缓慢舒适地生活下去吧。

Give-and

061

有所谓"Give-and-take"的说法。这是一种将给予跟获取相配套的、公平合理的理念。然而时代正在朝着"Give-and-give-and-give"的方向转变。因为大家都发现了不求回报之行为的崇高。我也将以"Give-and-give-and-give"的不求回报之心来对待你。

不说『原以为……』

062

"原以为……"这样的话还是不说为好。"原以为已经说过了""原以为已经做好了""原以为确认过了"——诸如此类的"原以为……"其实是实际并未完成却希望对方谅解时的一种遁词，会不知不觉地用于关系亲密的人之间。但是，不管如何的"原以为……"，只要该做的事情没做，我今后都会老老实实地说声"对不起"。

既不太远，也不太近

063

你我之间舒适的距离感，会随着双方的心情而改变。有时希望对方挨在身旁，有时希望保持一定的距离。相距太远，会觉得孤单寂寞；离得太近，又会叫人透不过气来。所以理想状态就是既不太远，也不太近。今后，就让我们在能感觉到对方存在的前提下，一直保持着时远时近的距离吧。

提问比答案更重要

064

在很容易就获得答案的现代社会里，我更希望与你一起正确地提问。或者说，今后，比起寻找正确的答案来，我们要一起探寻正确的提问。正确的提问必须具备什么呢？我们真正想要问的到底是什么呢？如此考虑的话，便会返回到提问的动机上来。正确的提问，将会成为创造美好生活的原动力。

不说『我累了』

065

没有哪一天是可以什么事都不做的，所以一天结束后，总是有些累的。然而，我今后不打算在你面前说："我累了。"因为要说累，大家都累。而将其说出来，只会让说这话的我和听这话的你都觉得更累。要是我一不小心说了出来，还请你原谅。总之，今后我会注意，不说"我累了"。

用心做出决定

066

我们每天都在做无数个决定：午饭
吃什么，下个休息日做什么，该买
新鞋子了吧，诸如此类的。做出这
些决定时，我们有时会考虑到方方
面面，有时会斤斤计较。但在决定
你我之间的事情时，我希望抛开得
失计较，也不要担心是否符合常识，
而是用心来决定。也就是说，我希
望我俩都用心来做出决定，而不是
用大脑。

一日三餐

067

一日三餐是日常生活中的头等大事。即便说"吃饭"创造了生活恐怕也不为过吧。吃什么？怎么做？为什么要这么吃？要是能养成一种习惯，两人商量着来解答这些问题该多好啊！吃饭的目的不在于填饱肚子，而是养护身体与心灵。因此，一日三餐应该是养护身体与心灵的保健方式。

善用自尊

068

自尊是守护自己内心的重要干城。没有自尊，就没有自信。但是，自尊应该深藏不露，而非随处张扬。动辄标榜自尊，不仅会平添无谓的竞争，还会丧失自身的诚朴。自尊最怕的就是将它拿出来当铠甲用，所以还是将它藏于内心深处吧。

时间这一礼物

069

我们在互赠礼物时，赠送什么才最能让对方高兴呢？我觉得真正令人高兴的，并不是礼物本身，而是礼物所带来的时光。得到了一款心仪的巧克力，品尝时就会感到无比喜悦；得到了一本想要的书，那么阅读它就能度过一段美好的时光。因此，今后我在选择礼物时，会先想象一下它所能带给你的时光。

信眼神甚于语言

070

我相信你的眼神甚于你的语言。因
为比起语言交流，眼神更能传递真
情实意。无论是坚定的意志，还是
内心的波澜、抚慰对方的心意，都
能通过眼神来加以传递。我希望我
俩能通过四目相对来互通心意。人，
有时会巧言矫饰，而眼神却始终是
诚实的。

亲密无间

071

你我之间保持适当的距离是十分重要的，可与此同时，能轻松越过对方内心界限的关系，也应该倍加珍惜。对于我来说，无论是我能毫无顾忌地投入你的怀中，还是你能不顾一切地投入我的怀中，都是无比高兴的事情。让我们构筑随时都能无所顾忌地闯入对方内心的亲密无间的关系吧。

渴望见到你

072

即便在一起的时间增多了，甚至到了整天待在一起也理所当然的程度，我也希望在偶尔与你分离后，会突然思恋起你的表情、声音和体温。并且，希望你也能如此。我将一直保持"渴望见到你"的心态，与此同时，我还要在与你一起时，让你总是如沐春风，让你难以离开我。

述说自己

073

尽说些可有可无的事情，偏偏不说最最重要的自己——这种情况确实存在。并且，越是关系亲密的人之间，越会觉得没必要事无巨细地把所有事情都统统讲出来。然而，这其实是十分令人遗憾的。今后，我将对你敞开心扉，不断地述说自己。并非什么自我夸耀，只是想述说我是个什么样的人而已。

恰如其分

074

自以为已经懂得却做不到的谦逊；
敞开心扉，全部接受的诚实；凡事
敬重的感谢之心——这些都是我与
你的相处中需要不断加以学习的。
我希望自己在各个时刻和各种场合
都能做到恰如其分、适得其所。

白色谎言

075

谎言有两种：白色谎言和黑色谎言。黑色谎言是糊弄一时，欺骗别人，伤害别人，从而让自己获得好处的谎言。而白色谎言则是不伤害别人、充满幻想、守护希望的谎言。人不能说谎——这话当然没错，但我是认可白色谎言之存在的。我希望我们能不全面否定谎言，能相互接受对方的白色谎言。

大道至简

076

我希望自己能一直保持简单的状态。事物自有其深奥、复杂的一面，我也不时地会受其吸引。但是，知道了这一点之后，还是要回到"简单"这个原点。眼下该做的事情是什么？最重要、最关键的是什么？这个人最想要的是什么？倒不是要老抱着好几个课题不放，而是要认真对待，逐一解决。我希望自己能如此这般不断地积累简单生活之技能。

不走捷径

077

我希望与你一起体会绕道的乐趣。
无论何事都不选择最短距离，都稍
稍绕一点远路。闲适与余裕将由此
而生。我将珍惜由此而获得的崭新
想法和灵感。我相信这一点点的心
念，肯定会使我们的生活乐趣横生。

治土播种

078

我们的生活，我愿从整治土壤开始。让我们不急不躁，花足够的时间，用自己的双手来整治出肥沃的土壤吧。然后，在这名为"生活方式"的肥沃土壤里播撒下心爱的花卉的种子。你想看到什么样的花朵？看到多少盛开的花朵呢？请告诉我。我会据此而努力整治土壤。

更看重自己的思考

079

知识自然是十分有用的。运用知识，我们可以证明些什么，也可以说服别人。可是，我们不要运用知识来讨论，比起知识，将自己的思考化为语言，能使我们的交流更加生动有趣。"自己是怎么想的？"这才是最重要的。像抛接棒球一样来抛接彼此的思想，定会趣味无穷。

余味甘美

080

我将尊重追求"余味甘美"的价值观。譬如，在吃饭的时候，比起第一口的感觉来，更重视过后的余味，并在考虑菜单时就预先想到这一点。度假之前也一样，要做好怎么才能在今后回味无穷的安排。也就是，比起当时来，更重视时过境迁后追忆时的感受。让我们为此而多用些心思吧。

没有永远

081

永远是不存在的。"当下"是不会一直持续下去的。而每天都迎来同样的早晨，每天都过着同样的日子，会让人觉得幸福的二人世界今后也将无限制地持续下去。但我们不能过于安享于此。因为，一旦相信了"直到永远"，就会不珍惜当下，感恩之心也日益淡薄。今后，我将以"没有明天"的心态来珍惜当下。

今日与未来

082

吃饭、工作、睡眠、娱乐、休息等，
与生活息息相关的方方面面，都将
今日与未来联结了起来。这一点是
不能忘记的。今日生活中的点点滴
滴，都会在几年后你我的身上体现
出来，就跟今日如此这般吃下去的
饭会在一年之后自己的健康状况上
表现出来一样。让我们过好今日，
过好这个能使我们在未来也绽放笑
容的今日吧。

重新加热

083

无论什么，都会随着时间的流逝而冷却。不仅仅是我们身边的东西，就连我们之间的感情、关系也是如此。这是十分自然的事情，但是，如果就那么任其冷却，冷淡就会变为悲凉。其实，冷却的东西只要重新加热就行了。我绝不会因此嫌麻烦。今后，无论何时，也不论针对什么，我都会将重新加热当作常备的心理准备之一。

闭眼不看

084

失败和过失，是谁都会有的。人生
旅途中，也会发生不愉快的事情和
不想被人知道的事情。正因为两人
在一起待的时间很长，对对方的某
些事闭眼不看才更有意义。有些事
情即便知道了，还是不说出来为好。
因此，有时候是需要闭眼不看的。
然而，尽管闭眼不看，但我还是会
默默地待在你的身边，为了在必要
时向你伸出援手。

有勇气的胆小鬼

085

我想成为一个有勇气的胆小鬼。因为胆小、担心能激发出超乎常人的想象力。我会动不动就为你担心。而要解决胆小的问题，最好的方法就是与勇气为友。有了勇气，就不会因胆小而不采取行动了。担心灾难的话，只要为此提前做好准备就行。同样，我也会因胆小而准备好勇气的。

关于人的学习

086

如今，是无论什么都能学的。做生意的方法也好，在竞争中脱颖而出的方法也好，甚至是西班牙语会话、美味咖啡冲泡法，只要你愿意，一切都能学会。而我想要学习的，就是何以为人。只要刨根问底地去探究人何以为人，就一定能更深刻地了解自己。我要学的，其实就是如何大大地提升自己。我要预先让你知道我的如此想法。

『我们』这个公司

087

你和我，其实就是"我们"这个公司。这就是一个今后要一同生活下去的命运共同体。这跟经营一个公司，其实毫无二致。因此，必须设定目标和理念，并制定出最低限度的规则和架构。让我们制定出五年后、十年后的规划，并定期举办经营会议吧。好好探讨这个公司会在将来创造出怎样的价值来。

『初始』之乐

088

"初始"能成为非常美好的经历。在初始的那一瞬间，会涌出新鲜的情感，会产生崭新的疑问和真切的感动。但两个人待在一起的时间越长，"初始"的感觉会变得越淡。因此，今后我将时刻留心，不断地探寻"初始"之乐。

谦让

089

有这样一个教义：当你十分贪心地将面盆里的水往自己一边拢时，水就会逃往对面；而当你将水推向对方时，它反倒会涌向自己一边。今后，我将与你一起好好学习谦让之道。谦让并非败北，而是一种不与人争，以期更进一步的良好心态。与此同时，我希望我俩也能做到互相谦让。

——哇，好棒啊！——

090

即便你突然将一个我不拿手的事务推给我,我也不说"哎呀,不行啊!",并立刻拒绝。我会说:"哇,好棒啊!"首先将其接受下来。至于接下来该怎么办,慢慢考虑就是了。你和我,各有喜欢、擅长的事务,反之亦然。如果我告诉你某件事我不擅长,你也一定会理解的。而"哇,好棒啊!"就是一句表示全部接受,并积极考虑下一步的很棒的话。

在内心留有余地

091

如果在杯子里注满了咖啡，那你就只能这么喝了。可要是仅注入六成咖啡，那就还可以加入牛奶、糖浆、奶油，调出更好的滋味。人的内心也一样。倘若一味地强调"我就是这样的"，那么好不容易与你在一起了，我却一直还是原来的我。要给自己的内心留有余地，不要全部被占满。今后，我也会注意到这一点。

绝不走在你的前面

092

我希望永远和你手牵着手并肩同行。如今是个什么都速度优先的世道，可你我之间，却要并肩同行优先。我绝不会走到你的前面去，绝不急着往前赶。因为，我要与你欣赏一样的风景。今后，为了与你合拍，我会偶尔放慢脚步，与你携手并肩地走过每一天。

运用双手

093

无论是在日常生活中，还是在工作中，手都是十分管用的工具。不仅如此，手还能制作东西，譬如制作料理，还能爱护东西。除此之外，手还能帮助弱者,还能温暖东西。所以，手的用法也就是人的活法。我愿意为了你，充分地运用我的双手。

苦恼也将成为美好的回忆

094

今后我们所遇到的，不可能全是欢乐，也会有苦恼，也会有不如意的事吧。然而,这一切都是理所当然的。各种各样的体验将引导我们解开"何谓爱情？"之谜。今后，我会与你一起努力，创造出美好的回忆。无论发生什么，我都会将其当作学习的契机而紧紧地把握住。

明天再见

095

人是一种会不断描绘美好未来的生物。"明天将会有什么好事吧""明天也要过成美好的一天"——如此这般，明天总是充满着希望。因此，我将在一天终结之时，怀着"明天也是我俩的美好一天""明天也请多多关照"的心情，跟你说一声："明天再见！"

关于失败

096

人生，往往难以心想事成，也无法按照预先设计好的流程来操作。爱一个人也一样，它是一件不可预测的事情，会遭遇一连串的失败。从失败中吸取教训，就能获得一个个有价值的日子。这就是人生。我希望我们今后能不怕失败，并将失败当作学习的契机。我们一起以这样的方式来面对生活，走向人生之未来。

保持勤勉

097

勤勉最重要，比"认真"和"正确"更为重要。因为勤勉不是一时的，勤勉是一种习惯。在日常生活中保持勤勉的人，能够坚守自己所设定的规则：健康所必需的规则、成长所必需的规则，以及将自己调整到最佳状态的规则。如此这般地保持勤勉的习惯，就会给生活带来无比惬意的节奏感。今后，我将在与你一起的共同生活中永远保持勤勉。

恭敬即感恩

098

我将一直恭恭敬敬地对待你。恭敬
是什么？所谓"恭恭敬敬地写字"，
就是不慌不忙、一心一意地写字。
其中所包含的，其实是感恩之心。
对于工作、生活、他人、金钱以及
时间的感恩之心，都会在恭恭敬敬
的姿态上表露无遗。今后，我将恭敬、
努力地做好每一件事。我要将对你
的感恩之心，注入"恭敬"之中。

面对老去

099

两人在一起生活了漫长的岁月之后，紧接着所要面对的就是双双老去。老去，即走向自由。整理好我们所拥有的东西，整理好人际关系，整理好自己的心态，逐渐走向简单，走向平淡。事实上，如何老去，也正是我们的终身课题之一。我期待着与你一同老去。我们原本就是赤身裸体地来到这个世界上，而随着逐渐老去，我们也会变得越来越简单、越来越自由，最终什么也不带，赤身裸体地离开这个世界，踏上新的旅程。

请不要忘记

100

请不要忘记，你并非独自一人。人与人之间，既不能完全理解，也不能完全摆脱孤独。你和我，也都是基于各自的价值感而存在的。无论在一起生活多长的时间，我们的想法恐怕也不可能完全一致。可是，你并非独自一人。因为，一个对你情有独钟、无比眷恋的温暖的人，就在这里。这件事，请你无论如何也不要忘记。

ふたりのきほん
100

有益于两人的
100 个基本

ふたりのきほん100

有益于两人的……

在未来的两人世界，将会有很多东西隐藏在每一个平凡的日子里，而从中一一加以选取的时间，也将是十分充裕的。为了培养出能准确选取的眼力和心智，肯定也会遇到许多困难并付出许多辛劳吧。与此同时，恐怕也将会失去一些什么吧。但是，这也没什么可怕的，就像木叶凋零后会重新长出茂盛的新绿一样，在如此这般的日常学习中，既有对新发现的期待，也会享受到新发现所带来的喜悦。为了两人崭新的每一天，我们必须这么做。或者也可以说，所谓两人在一起生活，本来就应该是这样的。

今后，我将与你一起分享各种各样的快乐，也将与你一起分担各种各样的烦恼。而为了在那时能明快地加以接受或超越，我们也必须习得与之相适应的坚强意志、健全心态、开朗性格和高妙睿智。为此，让我们一起探讨吧。

接下来，我们所探讨的是为了成为一对好伙伴，为了过好我们在一起的每一天，我们应该有怎样的心态，应该如何学习；为了各自都能保持相对的自由，我们又该接受些怎样的教诲。

两个人的未来之中，想必在一开始的时候，有很多东西都是隐藏着的吧。而从日常小事开始——加以发现，也正是我俩共同的喜悦。

有益于两人的——这里所述说的，就是有益于我和你的故事。

我要编成这样一本故事集：在今后感到烦恼、迷茫、不知道该怎么办的时候，我们可以一起来打开它，无数次地打开它。

如果我们对今后所有的事情都能津津有味地加以观察、了解、思考，那么这本故事集就将成为我俩不可替代的宝贝。如果能有效地利用它，那么当我们在遭遇悲伤、痛苦时，肯定会快速地摆脱出来，也能够充分地享受独自一人的时间吧。

不占有对方

001

喜欢上一个人之后，一种想占有对方的支配欲往往也就油然而生了。对方只属于自己的那种感觉，确实也能让人满足于一时。然而，人的支配欲是不会就此止步的。渐渐地，束缚欲便由此而生，并最终剥夺彼此的自由。然而，人是不会属于另一个人的。这也是理所当然的事情。

接受差异

002

每个人都是不一样的。遇到十分投缘的人，会感到由衷地快慰。但有些人却对人与人之间的差异性过度敏感，一旦发现别人与自己有什么不同，就忍不住要去纠正对方。然而，正因为人与人是不同的，待在一起才有意义。因为有差异，才能互补；有差异，才能学到更多的东西。

朝着同一个方向

003

两个人一起生活的意义，就在于朝着同一个方向迈进。我们正在走向哪儿呢？我们要面向哪儿呢？我们所描绘的未来是怎样的呢？总之，与其相互对视，还是朝着同一个方向迈进吧。未来在哪个方向呢？学习和成长该朝哪个方向呢？希望又在哪个方向呢？正因为两人总是朝着同一个方向迈进，即便遭遇了什么变故也不会迷路。或者说，即便迷失了方向也没什么关系，停下脚步，两人一起来加以辨别就是了。

保有隐私又何妨？

004

完全了解对方是不可能的。保有隐私又有什么关系呢？应该说，有很多事情是不必问清楚的。同样，有些事对方没问，就没必要特意告诉对方。难道知道了对方的隐私还能获得什么好处吗？谎言跟隐私是两码事。即便两人生活在了一起，但个人仍是个人。自己，只能作为自己而存在。

永不冷漠

005

爱的反面，不是恨，而是冷漠。再
也没有什么比对方的冷漠更让人伤
心的了。要珍惜两人之间的关系，
那就要不管发生了什么都不能漠不
关心。在一起生活久了，就会觉得
很多事情是理所当然的，而对对方
的关心程度也会日益递减。我希望
我们能永远保持良好的关系，在对
方疲惫不堪，或烦恼痛苦的时候，
立刻就能有所察觉，并给予亲切的
关怀。

重视修复

006

如今，我们所用的器物全都是完好无缺的。或者说，我们已经不习惯于使用破旧的东西了。东西一坏就赶紧扔掉，然后再买新的。这样，东西毁坏之时，也就是考验我们之际了。今后，发现什么东西坏了，让我们首先考虑如何修复吧。应该说，所有的东西都会坏，也不仅限于东西，人也好，人与人之间的关系也好，也都是会坏的。因此，我认为修复就是很有价值的智慧之一。

想成为怎样的人？

007

谁都有一个为"自己想成为什么？"而烦恼的人生阶段。但是，在考虑成为什么之前，具体考虑一下自己想成为怎样的人应该更为重要。比起梦想、愿望、职业和头衔，更应该做的是找出自己的目标人设，并认真考虑如何才能变成那样。今后，让我们一起来探讨各自想要成为怎样的人吧！

永远乐于倾听

008

我觉得，再也没有什么比爱人愿意
听自己说话更觉得快慰的事了。交
谈的时间，是极有价值的时间。今
后，在你诉说什么的时候，我会永
远乐于倾听。因为我知道，得知任
何时候都有人愿意听自己说话，就
会产生一种安心感，而这种安心感
又是那么宝贵，是任何东西都无法
替代的。

即便亲密无间……

009

不管亲密到什么程度，还是应以礼相待。以礼相待，就是满怀敬意地对待对方，就是不忘感谢之心。对于最亲近的人，我们往往会采取较为随便的态度，但事实上并不会因为关系亲密了，就什么都能得到原谅。在日常生活中，或许我们都不可避免地会做出一些失礼的举动，那么，这种时候就让我们谨守礼仪、端正身心吧。

绝不逃避

010

两人在一起生活后，痛苦与悲哀也会翻倍。人在烦恼的时候，越逃避，不安和恐惧也就越严重。所以最好的方法，就是正确面对。与爱人相处不好的时候，也不能因为怕麻烦而逃避，否则就无法继续下去了。因此，无论何时，绝不逃避，永远朝前迈进的心态是极为重要的。

肌肤之亲

011

人是动物，所以，有些东西也是要靠肌肤接触来传达的。肌肤之亲很重要，方式也有很多，例如拥抱、握手，或者仅仅是将手放在对方的肩膀上也行。让我们重视这些能感受到对方体温的举动吧。当然，也没必要老是黏黏糊糊的。不过要承认，人与人之间，确实有光靠语言和神态所无法传递的情感。这种时候，肌肤之亲就成了无可替代的手段。今后，我们也不能忘了靠体温来传达心意的这一重要方式。

拥有巨幅地图

012

为了两人一起行走人生之路，让我们首先准备好一张巨幅地图吧。这样，就能知道我俩正在走向哪里，也可据此而商量多远的路程才合适。例如三年后、五年后、十年后我们到底要走向哪里？有了这张巨幅地图后，不管发生什么，我们都不会迷失方向，并能免除那种担心前途何在的迷茫。

措辞慎重

013

出言吐语必须慎重，因为语言既能使人高兴，也能给人以伤害。别人能从你漫不经心的话语中获取大量的信息。语言粗鲁，就会一点点地伤害对方，而这种伤害是会累积起来的，所以要尽可能恭恭敬敬地说话，这样才能向对方传达感谢和尊敬之意。

勤动笔

014

书信是传递心意的方式之一。我发
觉用笔将文字写在纸上的时候，内
心就会比平时更温和一些。在语言
的使用上，写信也要比面对面交谈
时更缓慢、平和一些。因此，写信
这种表达方式也就显得更慎重、深
邃了。其实也并非一定要郑重其事
地写信，写一张便条也未尝不可。
总之，让我们勤于动笔吧。

分担家务

015

在日常生活中有许多琐碎的工作要做，例如做饭、搞卫生、洗衣服、买东西等。当然，这些事情都是要两人分担的。然而，分担之所以成立，靠的不是规定，而是体谅。看到对方有些累了，就赶紧替对方把事情做了。并且，这也不是单方面的,双方都应这么为对方着想。今后，就让我们永远保持这种能相互体谅的亲密关系吧。首先，那种凡事想着自己多做一点的心意，就是极其宝贵的。

两人一起做的事情

016

似乎没有什么事情是能两人一起做的。因为，有些事情对于偶尔见面的两人来说，曾是异乎寻常的乐趣，而每天都生活在一起之后，就变成极为普通的日常了。但也正因为这样，双方都要积极地邀约对方。今后，就让我们尽可能地发现、探寻一些事，并邀约对方一起做吧。同时，也让被邀约的一方充满期待吧。

笑着结束

017

人与人难免会发生冲突。人生在世，也会遇到许多叫人怒不可遏或悲伤落寞之事。因此，让对方看到自己消沉、颓唐的姿态也并无不可。但是，不能一直沉湎其中，总也摆脱不了。遇到这种事时，就让我们笑着予以了结吧。也就是说，不要带着怒气、郁闷回到日常生活中，而要一一加以了结，最后在相视一笑中复归平静。

接受孤独

018

孤独是人之所以为人的前提条件。感受到孤独是一件极为自然的事情，因此，不要去填补孤独之空虚，或试图忘记孤独，而要紧紧地拥抱孤独，深深地爱上孤独。正因为孤独，我们才能体会到别人的心情，而同情之心,甚至爱情也油然而生。今后，就让我们以接受孤独之心态来加深我们之间的关系吧。

感动高于满足

019

满足，其实是个无底洞。而感动就不同了，即便是一件很小的事情，也能让人回味良久。这样的感动会变成一颗种子，并最终绽放出喜悦和幸福的花朵来。不仅如此，引发感动的事情还会留在我们的心底，成为温馨的回忆。今后，比起寻求满足来，还是让我们以每天都获得感动来作为生活的目标吧。

珍重双方的家人

020

我的家人和你的家人，都是我俩的家人。让我们不偏不倚，将他们当作同等重要的存在来对待吧。并且，不论去见哪一方的家人，都不要单独前去，而是尽量两个人一同前往。同时，正因为是家人，所以要一直对他们怀有友好之心，不要因为杂务繁忙而疏远了他们。让我们为此而努力吧。

无言也温馨

021

两个人在一起生活久了，有时即便待在同一个房间里，也会各自做些自己喜欢的事情。譬如，一个人在听音乐，另一个在读书。这时，纵使没有语言交流，也同样能感觉到对方正处在休闲状态之中。能共同度过如此时光，就说明他们之间的关系是极为亲密的。无言也温馨。只要待在一起，就已经心满意足了。我希望我们能成为这样的两个人。

『自相矛盾』也无妨

022

言行不一，这是常有的事情。关系亲密之后，这种"自相矛盾"的现象也就暴露无遗了。倘若要一一加以追究，那可就没完没了了。其实，自相矛盾也是理所当然的。有时仅仅出于一时的冲动，有时是因为不知所措，有时则是成长过程中的自然现象。因此，不必过于较真，视而不见有时也是必需的。

崇
敬

023

崇敬是喜欢上一个人的契机之一。那是一种觉得对方"真棒！"的十分朴素的情感。让我们将这种情感永久地保持下去吧。崇敬也是两人之间信赖关系的根本。得知受到对方的崇敬后，内心会充满喜悦。这也同样适用于对方。那就让我们永远珍惜这份情感吧。

温柔和婉

024

别人的行为是很难完全符合自己的意愿的。即便是怎样亲密的爱人，也同样如此。有时甚至还会因为对方意想不到的行为而困扰。这时，又该如何应对呢？只有胸中的温柔和婉，才能平息内心的不安。其实也不必默默忍受，悄悄靠近对方的那种温柔和婉，才是最重要的。

理解对方

025

让我们都成为最理解对方的那个人吧。发现对方与自己的不同之处是十分简单的。人，往往是充满矛盾的，但又何必"这个可以""那个不行！"地去一一加以评判呢？让我们原原本本、完完整整地去接受对方吧。语言沟通的目的其实就在于此。成为最理解对方的人——两人之间能达到如此程度，将是无比惬意的。

不吝表达

026

爱情也好，崇敬也罢，不将其表达出来，对方是不会知道的。两人的关系处久之后，往往就不肯表达了。有人以为那就是所谓的心照不宣。其实，这种想法未免太草率了。外国人一天之中要说好多遍"I love you"，确实是有道理的。正因为是自己最亲近的人，就更应该利用各种各样的方式来加以表达。今后，就让我们用明确的方式来向对方传达自己的心意吧。

出言吐语

027

今后，让我们用真心诚意、正确且优美的话语来交谈吧。当然，在有些情况下，使用较为随便的语言，效果会更好。譬如，在商量重要事情的时候，就让我们采用体贴的、柔和的语言吧。谦恭是没有必要的。可礼貌，在亲人之间也同样是需要的。因为，如果出言不逊，即便自己并无恶意，也会伤害对方。因此可以说，用语就是用心。

不
隐
瞒

028

遇到某些对自己不利的事情，往往
会难以启齿。欠了别人的钱，赌博
赌输了，开车出事故了，等等。这
些事叫人难以张口。此种心情是可
以理解的，但瞒终究是瞒不住的。
而要说的话，还是趁早说为好。因
为早点知道的话，就可能做出更为
妥帖的应对，而隐瞒有时会导致更
大的损失。

别回头

029

要向前看，不要老是回头去看后面。
将现在与过去相比较，或总是为了
已经过去的事情而追悔莫及，是毫
无意义的。未来是可以改变的，而
过去是无法改变的——这当然是老
生常谈。老是对对方的过去、两人
的过去耿耿于怀,只会自寻烦恼。"往
者不可谏，来者犹可追"，让我们永
远面向未来吧。

不说别人的坏话

030

与可以推心置腹的密友无所顾忌地交谈，会让人感到分外畅快。然而，对于"无所顾忌"，你的理解真的正确吗？关于别人的坏话，是一个十分轻狂的话题。虽说它能轻而易举地活跃气氛，但无论是对于说的人还是对于听的人，都不会有什么好影响。因此，不管跟什么人交谈，在选择话题上都应该严守底线，那就是不说也不听别人的坏话。如果对方说了，那就不动声色地转移话题吧。

两个人应遵守的规则

031

为了我俩的美好生活，让我们制定一些规则吧。告诉对方回家的时间、东西用过后要放回原处、吃饭时不玩手机，诸如此类。这些双方都很在意的事情要明明白白地说出来，而不是"心照不宣"。同时在语气上要说成"让我们……吧"，而不是"必须……"。即便没做到，也不必责备。只要有互相遵守的那份心思，就能带来舒心的生活。

礼物不嫌小

032

让我们重视日常小礼物吧。回家路上在花店看到的花儿也好，对方喜欢吃的小点心也罢，东西不在大小，能寄托自己的心意就行。不在一起的时候，也要将"这个一定很适合他""他一定会很高兴吧"之类的想法告诉对方。比起在具有纪念意义的日子买对方指定的东西，这种日常小礼物所能传达的心意更为丰富。

一起成长

033

对于大多数人来说，花在工作上的时间要比跟爱人待在一起的时间更长一些吧。在工作中，可以学到很多东西。与此同时，不断地积累经验，也会让人不断地成长。因此，两人之间不妨也时而谈论一下各自的工作——自己正在追求怎样的目标，付出了怎样的努力。通过交谈，可以分享各自的经历，从而让两人一起成长。

警惕爱力不足

034

爱，不仅仅是两人之间的事情。家里的各种事务，工作上发生的事情，家人和友人——应该说，与自己相关的各个领域都需要爱。因此，两人必须时不时地一起检查一下，爱力是否充足。任由爱力不足而不采取措施，就会带来意想不到的事故。因此，还是尽早发现吧。

永为挚友

035

即便成了恋人，或成了夫妇，也让
我们永为挚友吧。爱与被爱的关系，
有时会让人无法保持纯朴。而所谓
的挚友，就是宁可牺牲自己也要竭
尽全力去帮助对方的人。或者说，
就是在自己犯难时，会全力帮助自
己的那个人。因此,既是恋人或夫妇,
同时又是挚友的这种关系，会让人
获得巨大的安全感。

关于金钱

036

一提到钱，往往就难以启齿。可是，确认一下双方的价值观又是极其必要的。金钱的用途有很多：消费与浪费，储蓄与投资，甚至还可以捐赠。对于两人来说，重要的是要展望一下十年之后、二十年之后的情形。储蓄，有必要吗？储蓄的目的是什么？这些都需要考虑。与此同时，投资自己也同样是意义重大的。而共同拥有关于金钱的知识，是非常重要的。

保重身体

037

双方都能健健康康地过好每一天，是最最重要的。虽说各人的体质和生活习惯都有所不同，但还是让我们通过合理的饮食、适当的运动和充足的睡眠来尽可能地确保自身健康吧。散漫不规则的生活不仅不利于自身健康，同时也会影响到对方的健康。所以我们一定要提高健康在生活中的地位，因为这也是关系到我们能否幸福生活的基本因素。

不过度干涉

038

即便十分信任对方，有时还是会放
心不下，想问个究竟，或心存疑虑。
在某些情况下，甚至会令人觉得不
胜其烦。然而，不论关系如何亲密，
也都存在着不可踏入的绝对领域。
今后，让我们都能正确把握，不做
过度的干涉吧。

不纠结于价值观

039

"价值观"是个十分好用的词语。在发表自己的意见、表达自己的好恶、回顾过往、展望未来的时候，都能加以使用。但也正因为这样，我们才必须慎重对待。因为，太过纠结于价值观，就会画地为牢，丧失自由。与此同时,价值观又是会变化的，不要以为对方的价值观是绝对而不可动摇的。让我们以柔和的心态来接受包括变化在内的一切吧。

— 了解对方不喜欢的事物 —

040

比起对方的喜好，我们更应该尊重
对方不喜欢的事情吧。尽量不说对
方不喜欢的事情，也不让对方遇上
那些事情。我们要牢记这种细微的
体贴，更不要要求对方去接受自己
不喜欢的事情。

约会优先

041

"约会"这个词，听着就特别带劲儿。即便是待在一起已经习以为常的两个人，一说起"约会"，也会莫名兴奋。去看电影也好，去心仪的餐厅吃饭也行。到了外面后，两人就会被人看作"一对儿"，彼此间的距离也就更近了。今后，让我们时不时地花些时间和金钱约会一下，尽情享受此中的乐趣吧。

爱的表白

042

虽说我们都不习惯轻易地述说甜言蜜语，但要向对方传达特别的情意，语言依然是最好的媒介。"我喜欢你！""我爱你！"这样的话语有着其他话语所不具备的魅力，也肯定有仅靠这一句就能解决的问题。语言，是表达爱意的最简单的工具。同时，爱的表白不能只用一次，而要多次反复使用。

妥协又何妨

043

两个人在一起生活，妥协有时也是必需的。所谓妥协，就是容许，而不是忍耐。如果哪一方贸然说出"我就要这样！""就是那个好！"，那么对方就只能忍耐了。其实，双方都可以稍稍妥协一下，不必如此推车撞壁。只要心胸宽广，就能痛痛快快地予以妥协。当然，凡事也不是从一开始就妥协的，而是要通过必要的谦让，使两人达到最佳生活目标。

以心理咨询师的姿态

044

两人都有着各自的目标，走的也是不同的道路，但是相互之间也不能视而不见、漠不关心，而要互相守护、互相鼓励、共同提高。只有充分了解了对方，才能给出恰当的建议。当对方迷茫、烦恼的时候，要耐心地倾听其诉说。有时不妨以心理咨询师的姿态来完全接受、守护对方。

探讨人生目的

045

人生的目的是什么？自己为什么而活着？人类，从古希腊时代起，就对活着这一理所当然的事情如此这般地提出了疑问。然而，这类问题是没有标准答案的。其实没有答案也无所谓，因为，在两人一起探讨这类问题的过程中，有些事情就会自然而然地清晰起来。通过这样的对话来了解对方的心意，才是最重要的。在此沟通过程中，双方的心态就能得到调整。

保证舒适的睡眠

046

舒适睡眠的必要条件，对于不同的
人来说差别很大。有清晨熟睡型，
也有深夜熟睡型。有人每天要睡八
个小时，有人只要睡四个小时就足
够了。还有些人睡觉时对于声音和
亮光十分敏感。要想在这些方面与
对方完全合拍是很难的。但双方相
互理解、相互体谅仍是十分重要的。
譬如，如果对方是清晨熟睡型的，
就不要将其拖累到深夜。如此这般，
让我们在生活方式上多下些功夫吧。

——

一直保持幽默感

——

047

人在心情愉快或觉得有趣时，就会绽露笑容。那么如何才能保证两人笑容不绝呢？保持幽默感就是一个好方法。有些人即便知道会被人嘲笑也仍不断地说些老套的笑话，就是因为他们知道幽默的价值。那种想要使人绽露笑容的用心，就是十分重要的。即便是在事态严重的情况下，也不能忘记幽默。

一日三餐

048

对于日常生活而言，一日三餐是非常重要的。即便说饮食创造了生活恐怕也不为过吧。吃什么饭菜？怎么吃？为什么要这么吃？要是能养成习惯，把讨论这类话题当作最优先的事项就好了。吃饭的目的并不是填饱肚子，而是为了养护身心。因此，饮食应该就是培养良好身心的保健法。

携起手来

049

我觉得携手对于两人来说有着极深的意义。因为这不仅能感受到对方的体温，还是两人结合在一起，作为对等之存在，相依为命地生活在一起的象征。携手，还能消解内心的不安与惶恐。我希望今后我们无论是在两人独处的时候，还是当着他人之面，都能十分自然地携起手来。

出门旅行

050

让我们养成每年都出门旅行一到两次的习惯吧。脱离日常生活，来到完全不同的地方后，就能接触到新鲜的事物，从而产生出一种新的生活节奏。两人一起为之感动，甚至偶尔一起面对困难，将成为针对两人关系的良性刺激。不论是怎样的旅行，最后都会觉得不虚此行。让我们共同创造这种美好的记忆吧。

生活中的声音

051

日常生活中总会发出一些声音——脚步声、门的开关声、吃饭时发出的声音等。有些声音可能自己没什么感觉，却会让对方感到不快。今后，让我们多为对方考虑，主动关注这类细节吧。首先就是保持安静，尽可能地不发出声音。一旦对方指出后，就诚恳地加以反省。这也是共同生活中极为重要的礼节之一。

持久关切

052

身边的他 / 她眼下正处于什么状态?
如果正聚精会神地做什么事,就不
要去打扰他 / 她;要是情绪低落,或
许就需要转换一下心情了。总之,
不仔细观察,关切也就无从谈起了。
如果仅仅猜想对方大概怎样,是无
法满足其要求的。让我们持久地保
持相互关切的亲密关系吧。

给对方以自由

053

两人在一起生活后，有时会失去自由。因为一方往往会干涉、限制另一方的言行，总想着让对方的行为举止都符合自己的意愿。为了两人都过得轻松愉快，让我们给对方自由，同时也确保自己的自由吧。两个自由的人生活在一起，将比独自一人时更加轻松、自由。今后，我们都要给对方自由。

不同的爱好

054

两人拥有相同的爱好是很难得的，但拥有不同的爱好也未尝不是一件很有趣的事情。爱好会使人深入了解某领域，也可以说是一种学习。因此，爱好跟纯粹的玩耍是不一样的。享受某种爱好之后，谈话也会妙趣横生。这样，对方对其所爱好的领域越是入迷，自己也会更多地接触到这一原本并不了解的领域。而对于长期共同生活的两人来说，这种新鲜的刺激也是必需的。

互相安慰

055

人生在世，不仅会感到疲惫不堪，还会遭遇烦恼，甚至受到伤害。这时，身边有个能安慰自己的人，就会获得拯救。自己安慰对方，对方也安慰自己。最亲近的人，而不是别人来安慰自己，是一件十分难得的事情。这恐怕也是两人在一起生活的重要理由之一吧。

两人间的约定

056

两人之间偶尔也需要做些约定。约定有许多种，有的需要长期坚守，有的则需要每天执行。双方都能欣然制定、履行约定，其实就是关系良好的明证。约定，能使双方都安心。或许有人会说："既然相互信赖，又何必约定什么呢？"但这话就多少带点诡辩的味道了。其实约定是展现给对方的诚意，是信赖关系的铁证。

常怀感恩之心

057

两人的生活中，充满了值得感谢的
事物。你之于我是值得感谢的，我
之于你也是如此。乃至于食物、服饰、
周围的环境以及人和自然，这一切
都是值得感谢的。因此，不论我们
在做什么，心里都要默念一声"谢
谢！"。生活中难免会遇到伤心难过
的事情，可即便如此，我们也要常
怀感恩之心。

用心去做每一件事

058

日常生活中有许多琐碎的事情，而最重要的是要用心去做。打招呼也好，出言吐语也罢，以及做饭、开车、面对对方之时，都让我们用心来做吧。就具体的事情而言，有自己擅长的，也有自己不擅长的。能够把事情做得完美，这当然很好。但即便不那么完美，只要你用心去做了，别人也就不会心怀不满了。

如何才能让生活令人满意？

059

如何才能让生活令人满意呢？有人说靠爱情，也有人说靠财力，还有人说只要吃到美味可口的饭菜就心满意足了。如果心情烦躁，说话带刺，那就说明对生活不满意。要想彼此体谅，那么关注如何才能让生活令人满意，就显得异常重要了。

快乐与幸福

060

所谓幸福，是个十分模糊的概念。无论在什么场合，只要自己觉得幸福，也就幸福了。也就是说，幸福完全取决于一时的心情。但是，真正的幸福，我觉得似乎是很难获得的。那么，幸福又是由什么而来的呢？应该就是快乐吧。重要的是两人能一起去寻找快乐。倘若能寻得许许多多的快乐，那就一定能感受到真正的幸福了。

自然之美

061

美的东西会令人心动神摇。美术品
或时装等人造之物也不例外，但最
美的还是大自然本身。每当郁闷难
耐之时，只要仰望蓝天就能使内心
恢复平静。在人生的旅途上，有很
多时候会因美而获得拯救。今后，
让我们偶尔也一起眺望星空，感受
自然之美吧。

不贪得无厌

062

如何对待自己的欲望，是人生的一
大课题。贪得无厌，有时也能暂时
有所收获，但由于失去了平衡，故
而难以持久。就两人关系而言，也
概莫能外。向对方要求过多之后，
失望也会增多。与此同时，被要求
的一方，则会觉得负担越来越重。
最后会给双方都带来极为沉重的精
神负担。今后，让我们对欲望永远
保持适当的自制力吧。

做不到的事情

063

"这事就该这么做！""再这么一点的话肯定会更好的！"在日常生活中，这样的感想是很多的。譬如，牙膏挤过了必须拧上盖子等。可话又说回来，有些事情是怎么也做不到的。所谓接受对方，就要接受对方做不到的事情。这不仅是为了对方，也是为了自己。而"做不到"的一方也不能恼羞成怒。

不说三道四

064

当对方竭尽全力做一件事时，作为其身边人，往往会说三道四，与其说是出于关爱，不如说是自己想知道什么，且往往是不经过认真思考而脱口而出。要是对方所做的事情明显是错的则另当别论。要知道人与人是不同的，有些事情需要做完后才能从失败中吸取教训。因此，就让我们在一旁静静地守候着吧。

保持清洁

065

在人际交往中，保持清洁卫生是重要礼仪之一。两人关系亲密后，往往就会忽略这一点。其实，比起外表的美观，关系越是亲密就越应该保持清洁卫生。为此，我们要时刻提醒自己。在家里待的时间一长，往往就会不太注意身边的卫生状况了。并且，习惯了不太卫生的环境，有时还会觉得十分惬意。因此，要想保持清洁卫生，需要付出不一般的努力。

像读一本书一样

066

与人交往，与读书差不多。有时候觉得难以理解，可是花工夫慢慢品读后，也会获得深入的了解。好的书，每次重读都会有新的收获。自己喜欢的书，总是愿意放在自己的手边。就这点而言，与人交往不也是这样的吗？读得过急，自以为读懂了，往往是一知半解，实在可惜。因此，我们要像读一本书那样与人交往。我俩之间的关系，也是如此。

不使对方孤单

067

人原本就是一种容易产生孤独感的动物。当然，现在并不缺少消烦解闷的工具。但是，我们所一直珍视的，不就是两人相互靠近后所产生的安心感吗？今后，我们也不能忘了这一点，要永远体谅对方，不使其感到孤单。

两人在一起的目的

068

说到为什么要在一起，或许很多情侣会说："因为两情相悦呀！"然而，仅凭这一点是很难天长地久的。热情，是很容易冷却的。那么该怎么办呢？这就要问两人在一起的目的是什么，两人给未来描绘了一幅怎样的蓝图。有了共同的目标，即便有时会吵架，但会认识到自己是需要对方的，从而会冷静地重新处理两人间的关系。

不追求完美

069

无论是工作还是家务，一旦追求完
美就会令人疲惫不堪。其实，无论
什么事情都不存在完美，故而也是
没有终结的。追求完美，只会空耗
心力，永远也不会心满意足。这话
也同样适用于两人之间的关系。想
要创造更好的东西，想要使两人的
关系更上一层楼的心情自然是十分
可贵的，但我们也要理解，凡事都
是有限度的。

分担痛苦

070

人生在世，会遭受许多痛苦，然而，这一切也是学习的机会。疾病和工作上的挫折，失业以及亲人的离世，等等，所有这些难以马上克服的困苦，人们都需要花费一定的时间去加以克服。与此同时，这些让人觉得很负面的事情，也是可以转化为积极因素的。倘若一人承担的话，恐怕很难从痛苦中解脱出来，而两人分担之后，就会呈现出新的转机。

恰如其分的健康生活

071

人人都希望自己身体健康，可通过怎样的生活方式才能获得健康呢？这其实是因人而异的。总的来说，饮食与运动等方面，也要符合自己的实际情况才好。过于追求健康，似乎有走火入魔之嫌。人会生病，有的人患的还是慢性病，可即便如此，还是能过上健康的生活。今后，我们要过上那种恰如其分的健康生活，让我们永远开开心心地过好每一天吧。

爱上缺点

072

谁都有缺点。人们往往觉得缺点是可耻的，并尽量不让别人知道自己的缺点。然而，缺点也是人的魅力之一。因此，请你不要讨厌缺点。人，并不是因为完美才拥有自信。只有知道了自己的不完美，才知道自己也是会犯错误的，并因此消除不安。而能够爱上自身缺点的人，往往也能爱上对方的缺点。

不忘感谢

073

能够首先全部接受对方，彼此才会
轻松自在。即便自己有不同的想法，
过一会儿再告诉对方就是了。倘若
发生什么事后，先就"不——！"
地予以否定，那就没有下一步了。
其实，真正重要的就是下一步该怎
么办。为此，我们要一直怀有感谢
之心。对于已经发生的事情，哪怕
是相当严重的事情，也让我们从全
面肯定开始，然后两人再一起考虑
下一步吧。

吵架又何妨

074

不论关系如何亲密，也总免不了会发生冲突。所谓吵架，就是双方任性地冲撞，没有谁对谁错。因此，让我们制定一个吵架的终结法吧。即便规定简单的"明天就忘"，也未尝不可。这样的话，我们就能放心吵架了。有些人就是因为怕吵架，平时强忍着不吵架，而一旦吵架，两人之间的关系就彻底破裂了。今后,让我们永远维持着"吵架又何妨"的关系吧。

普普通通就行了

075

倘若将出类拔萃视为一种优越感，那就会无休无止地拼命追求。然而，这种所谓的优越感，有时是可望而不可即的。反倒是普普通通，才是一种能与他人分享的价值观。让我们用语言将彼此适合的感觉表达出来并加以理解吧。不急慢、不灰心，普普通通的就行了。而出乎意料的是，要做到普普通通，有时也不那么容易。

两人一起来解决

076

日常生活中发生什么问题时，最要不得的就是全都抛给对方或一个人死扛着，不与对方商量。既然两人好不容易走到了一起，那么有问题就共同解决吧。忙的时候，即便听一听对方的陈述也是好的。事实上，在出事的时候，只要想到有人可以商量，心里就已经宽慰许多了。这也是两人在一起生活的意义之所在。

尊重朋友

077

即便有了人生伴侣，朋友也仍是十分重要的。要像尊重自己的朋友一样，尊重对方的朋友。当对方将朋友的地位放在自己之上时，也要欣然接受。就今后的社会而言，朋友将变得越来越重要。而朋友的价值，又是随着年岁的增加而变大的。今后，让我们相互尊重对方的朋友吧。

不强求答案

078

世上的很多事情是没有答案的，如果强求答案，得到的往往是一时的敷衍。而无论何事都一定要找到正确答案的话，只会因苦求不得而徒增烦恼。其实，比起答案，自己针对某个问题的感觉以及思考更为重要。今后，我希望我们不要向对方强求答案，而要一起来加以思考。

婚姻大事

079

婚姻，到底意味着什么呢？意味着
在一起过日子，成为亲人，一个人
与另一个人的结合，具有平等权利
的两个人以对等的立场互相帮助着
共同生活。一说到夫妻，往往就会
想到两人要各司其职，但两人之间
的关系是任何人都无法强加的。所
谓的婚姻生活，其实就是守护两人
待在一起的自由而已。

工作是什么

080

人们对于工作的认识是多种多样的。有为了生计而工作的，有为了益于社会而工作的，也有为了自我成长而工作的。然而，工作并不仅仅是在外面干活儿挣钱，在家里做饭和打扫卫生也同样是工作。因此可以说，所谓工作就是日常之营生。作为今后要长期生活在一起的两个人，让我们认真地交换一下针对工作的看法吧。

关于宗教信仰

081

双方都该认可对方的宗教信仰。宗教信仰是十分个人化的活动，因此，将自己的宗教信仰强加给对方这样的事情，应该慎之又慎。以宗教信仰为依据来否定非信徒，或要求他人给予过多的施舍，这样的事情也时有发生，但这就是另一个问题了。如果仅在个人范围内坚持自己的宗教信仰，那是不应该加以干涉的。

简单化思考

082

简单化思考是最有效的。即便面对的是十分复杂的问题，也得像做因式分解题一样，首先将其分解为简单的事项，然后再来考虑该先解决哪一个。两人之间发生争执时，也可以这样来加以解决。凡事做简单化处理后，就不会拖延迟迟得不到解决。而同时考虑很多因素，只会使争论离事物的本质越来越远。因此，让我们返回到简单化的思路上来吧。

互相称呼名字

083

让我们互相称呼名字吧。初遇时，
都是互相称呼名字，可时间一长就
会不知不觉地不称呼对方的名字了。
一起生活了好多年之后，甚至有了
孩子之后也依然互相称呼名字，就
是彼此心意相通的明证。与此同时，
在旁人眼里也更恩爱如初。

不必害臊

084

让我们直截了当地表明自己的心意
吧。爱意也好，感谢之意也好，若
不能不顾害臊地，用明明白白的语
言表达出来，是无法传递给对方的。
在展示自己懦弱或没出息的一面时，
人往往会感到害臊。但当你面对值
得信赖之人时，毫不掩饰地展示出
自己的本来模样，就更能达到心意
相通的效果。对于两人来说，不害臊，
就是良好沟通的必要条件。

协调一致

085

走路的节奏、思考的节奏、生活的
节奏、成长的节奏，人是有着各种
各样的节奏的。两人一起散步时，
如果有哪一方只顾自己的节奏而独
自走到前面去了，就说明他或许缺
少了一点对另一方的体谅和关怀。
两人的节奏不同是理所当然的。也
正因为这样，才需要互相观察对方
的节奏,并尽量与之协调一致。今后,
让我们永远不忘并肩同行的心意吧。

自我投资

086

时间与金钱的最佳用途，就是为了自身成长的投资。然而，两人在一起生活后，往往就会将对方放在第一位，而将自我投资放在后面。这是需要注意的。因为金钱与时间的用法，会对今后的人生产生很大的影响。个人的成长在提升自身魅力的同时，也有益于对方。因此，让我们都毫不吝惜地自我投资吧。

何谓柔情

087

体谅对方是柔情，安慰对方是柔情，但严厉也未尝不是一种柔情。对方对自己提出了意见，对方指出了自己的错误，或许觉得自己被对方所否定，但是，学习与成长就是由此而开始的。因此，督促对方走上正道也是一种柔情。今后，让我们保持那种能够严肃面对，且能够接受对方之严格督促的关系吧。

事实婚姻

088

两人相遇、相爱，然后递交婚姻登记表，走入婚姻的殿堂。这就是我们最常见的一种模式。但是我认为没有必要受那么多的束缚。如果两个人在不违背公序良俗的前提下，在充分商量的基础上彼此都能接受，那么不递交婚姻登记表但共同生活也是可以的。只要双方都觉得对方是不可替代的存在，这就足够了。

不拘一格

089

婚姻的形态是各种各样的。不要以为住在一起是天经地义的，其实分居也不失为一种选择。因此，有时会想要稍稍拉开一段距离，有时只想十分单纯地独处一会儿，譬如，仅在周末欢聚，不也很好吗？因此，大可不必拘泥于陈规陋习，让我们考虑一下适合于当下自己的婚姻形态吧。

关于孩子

090

结婚近似于生子的时代曾经持续了很久，但现在已今非昔比了。关键是要在两人充分商量之后再做出决定。有人想要孩子，却因经济因素或难以兼顾到工作而大伤脑筋，也有人想要孩子却怎么也怀不上。而我能说的是，在这个问题上，如今已到了一个能够自主的时代，不必再受社会习俗的约束了。

关于婚礼

091

如今不举行婚礼的夫妇越来越多了。大规模的婚宴也越来越少了。也就是说，关于婚礼，包括"不举办"在内的选项在增多，而来自周围的"应该这样"的声音已几乎听不到了。其实，重要的是，作为当事人的"这一对"怎么想，以及今后如何一起生活。与此同时，由于婚礼事关双方家族以及朋友们，所以商量一下也是必须的。

原路返回

092

在两人相亲相爱的关系不断深入的
过程中，有时也会遭遇挫折。这时，
如果一味向前，只会加深伤害。因此，
让我们拥有"原路返回"的勇气吧。
在工作中也一样，感觉不对头时，"原
路返回"后从头再来，结果往往完
成得更快、更好。其实在人际关系
上也是如此。

善于休息

093

由于技术的进步，工作与生活的界限已变得不那么分明了。因此，对于个人来说，如何休息已成了一个重大的课题。在两人之间的关系上，也同样如此。一直惦念着对方，老是以两人为单位来考虑问题，其实是十分累人的，所以不妨时而"下"一会儿"线"，回到独自一人的状态上。今后，让我们在彼此间的关系上设置好"上线""下线"的机制，灵活、有效地获得休息吧。

『暂不决定』之回答

094

在决定两人之间的规则，或在商量该怎么办才好的时候，有"暂不决定"这么一种选择也未尝不可。沟通、商量的目的并非一定要得出什么结论，所以"暂不决定"这样的回答也是可以的。今后，让我们将不勉强得出结论当作两人间的一个选项吧。

了解特别的理由

095

两人之间即便发生各种麻烦或难以理解的事情，也要首先予以接受。这一点是很重要的。为什么这么说呢？因为我们不了解的某种特别的理由，肯定是存在的。无论何事，知道还有特别的理由这一点是很重要的。即便一些有违道德和规则的事情，也未必一定是出于恶意，很可能是基于某种特别的理由而发生的。

比批评更重要的……

096

无论是针对人、事物或做法，有时我们觉得批评一下就会取得某种效果。我们会说"这儿不行""还差一点"，然后就完了。如果仅仅是这样的话，是找不到更好的解决方法的。凡事最重要的就是下一步怎么办。所以批评一下是没问题的，可在批评过后，还要添加一些有助于学习和成长的话语。在这种情况下，让我们一起来寻找更好的解决方法吧。

——
用婴儿般的眼睛来观察世界
——

097

让我们永远保持"初次"的心态吧。早上起床之时、开始工作之时、与对方在一起时，在各种时间节点上，都要保持"初次"时的谦虚和旺盛的好奇心。惊奇、愉快和感动将由此而生。其实，这也是一种发现和学习的心态。要想每天都过得开开心心、欣喜不已，就必须用婴儿般的眼睛来观察世界。

珍惜缘分

098

我俩从相遇到相爱，都是一种缘分。我俩都不是任谁都行，必须是"你"这一个人。因此，我觉得我们应该珍惜这一缘分，培育这一缘分。两人之间只要有了这份深深的缘分，那么无论发生什么事，也不会轻易放弃，能够一起克服。今后，让我们继续珍惜这份缘分吧。

随时『重启』

099

任何事物都能随时"重启"。在接连遭遇挫折后心情糟糕透顶、准备放弃之时,"重启"是继续下去的一大窍门。两人共同制定的规则运行不下去的时候、搬家的计划迟迟决定不了的时候,都不要各执一词,互相指责,让我们十分爽快地按下"重启"键吧。有时候,自己的价值观也有必要"重启"一下。

妙趣横生、快乐无比

100

我愿我们每一天的生活都妙趣横生、快乐无比。当然，在现实生活中，或许会发生什么严重的问题——或许我们会身患疾病，或许我们会被卷入什么麻烦的纠葛，但"妙趣横生、快乐无比"仍是我们的生活理念。无论做什么事情，无论考虑什么事情，都必须基于这一理念。让我们以此来轻松、愉快地度过每一天。让我们永远妙趣横生、快乐无比地一起生活下去吧。

图书在版编目（CIP）数据

两个人的 100 个基本：亲密关系指南 /（日）松浦弥
太郎著；徐建雄译 . — 杭州：浙江人民出版社，2022.6
ISBN 978-7-213-10501-2

Ⅰ . ①两… Ⅱ . ①松… ②徐… Ⅲ . ①恋爱心理学—
通俗读物 Ⅳ . ① C913.1-49

中国版本图书馆 CIP 数据核字（2022）第 027268 号

两个人的 100 个基本：亲密关系指南

[日] 松浦弥太郎 著　　　徐建雄 译

出版发行	浙江人民出版社（杭州市体育场路 347 号　邮编 310006）
责任编辑	卓挺亚
责任校对	戴文英
封面设计	山川制本
电脑制版	李春永
印　　刷	河北鹏润印刷有限公司
开　　本	787 毫米 ×1092 毫米　1/32
印　　张	13.375
字　　数	100 千字
插　　页	2
版　　次	2022 年 6 月第 1 版
印　　次	2022 年 6 月第 1 次印刷
书　　号	ISBN 978-7-213-10501-2
定　　价	68.00 元

如发现图书质量问题，可联系调换。质量投诉电话：010-82069336

上架建议：日本文学

ISBN 978-7-213-10501-2

9 787213 105012 >

定价：68.00元